Buscando a Dios en Los Juegos del Hambre

30 Devocionales Para Inspirar Fe

Selena Sarns
(con Heather Nordeman)

Buscando a Dios en Los Juegos del Hambre

© 2013 TheBiblePeople.com

Todos los derechos reservados. Ninguna parte de esta publicación puede ser reproducida o transmitida con fines comerciales, excepto para hacer citas breves en reseñas impresas, sin el permiso por escrito de la casa publicadora.

Las iglesias y otras organizaciones no comerciales pueden reproducir fragmentos de este libro sin una autorización por escrito de TheBiblePeople.com, siempre y cuando el texto no sea mayor a las 500 palabras o el 5 por ciento de todo el libro, lo que sea menos, y que el texto no sea material citado por otra casa publicadora. Cuando se reproduzca algún texto de este libro se debe incluir la siguiente frase: "Tomado de Buscando a Dios en Los Juegos del Hambre, publicado por TheBiblePeople.com. Utilizado bajo autorización."

Todas las citas bíblicas son tomadas de la edición Reina Valera 1960.

Publicado por TheBiblePeople.com. Nuestra misión es animar a las personas a leer la Biblia, comprenderla y ponerla en práctica.

Impreso en los Estados Unidos de América

Contenido

Devocional 1 Todos Necesitamos un Salvador 5
Devocional 2 Dios Elige Héroes Improbables 8
Devocional 3 Somos Libres en Cristo 11
Devocional 4 Solo el Sacrificio de Cristo
 Puede Expiar los Pecados 15
Devocional 5 No Existe Nada Más Grande que el
 Amor Incondicional 18
Devocional 6 Necesitamos a Cristo y a Nuestro Prójimo 22
Devocional 7 Dios Nunca Abandona al Pobre, al
 Afligido o al Oprimido 26
Devocional 8 Siempre Podemos Confiar en Dios 30
Devocional 9 El Espíritu Santo nos Mueve 33
Devocional 10 Para Dios Toda Vida es Valiosa 37
Devocional 11 Sé Fiel a Dios y a Ti Mismo 40
Devocional 12 Escoge Tus Amigos Sabiamente 44
Devocional 13 ¿A Costa de Quién? 48
Devocional 14 Cristo es el Pan de Vida 51
Devocional 15 Dios Juzga lo que Está en el Corazón 54
Devocional 16 Dios Elige el Amor Antes que la Justicia 57
Devocional 17 Nuestra Vista en Jesús 60
Devocional 18 Dios no es un Dios de Miedo 63
Devocional 19 Todos Somos Responsables por Tikkun Olam 66
Devocional 20 Solo Debemos Lealtad a Dios 69
Devocional 21 Dios nos da Valor 72
Devocional 22 Dios Ama el Corazón Generoso 76
Devocional 23 La Honestidad Produce Ganancias,
 Pero la Falsedad Trae Consecuencias 79
Devocional 24 La Esperanza Viene de la Forma Menos Prevista 83
Devocional 25 Dios Promete Sustentarnos Siempre 87
Devocional 26 El Peligro de la Distracción 90
Devocional 27 Practicamos el Agradecimiento 93
Devocional 28 Perdona Siempre, a Todos, las
 Veces que Sea Necesario 96
Devocional 29 Somos lo que Vemos 100
Devocional 30 Volvemos a Cristo 103

Devocional 1
Todos Necesitamos un Salvador

Romanos 3:23 "Por cuanto todos pecaron, y están destituidos de la gloria de Dios."

EL PUEBLO DE Panem se ha olvidado completamente de Dios. En ningún momento de la trilogía de Los Juegos del Hambre se menciona a Dios, la Iglesia, ni siguiera la vida después de la muerte, lo que es extraño, si tomamos en cuenta la presencia de la muerte en toda la serie. Sin embargo, Collins dibuja una imagen vívida del pecado llevado a su máxima expresión a través de la maldad y el horror que caracterizan a la para nada utópica nación de Panem. El rico oprime al pobre; el poder absoluto y la riqueza pertenecen a solo unos pocos; el hambre, los vagabundos, el miedo y las enfermedades abundan. En los capítulos iniciales de *Los Juegos del Hambre,* nos damos cuenta de que la nación de Panem se ha convertido en un ejemplo del pecado mediante el error humano: haber fallado en nuestra misión de ser administradores de la tierra conllevó a que el planeta sufriera una devastación sin igual, seguida de varios años de guerra y contiendas humanas. Al llevar la evidencia del pecado de la humanidad a tales extremos, la autora presenta un mundo en el que no podemos ignorar la certeza de que los humanos se han rebelado contra Dios.

Para demostrar cómo el pecado se ha adueñado de Panem, Collins hace del centro de la trilogía un juego tan repulsivo y diabólico que debemos confrontar las terribles profundidades del pecado humano. El sacrificio humano, niños soldados y niños matando otros niños son solo algunos de los conceptos más diabólicos que podemos imaginar y estas son las fuerzas impulsoras de Los Juegos del Hambre que se presentan. El mero concepto del sacrificio de un niño es una distorsión pervertida de la idea de que después de la Caída, Dios solicitaba un sacrificio para expiar los pecados de los hombres.

Podemos aceptar fácilmente la necesidad de un salvador en esta realidad alternativa. Sufrimiento, división, opresión, miedo y esclavitud son las cosas que nos oprimen cuando estamos sujetos al pecado. Al igual que el pueblo de Panem, nosotros necesitamos alguien que nos salve de nuestro cautiverio.

Sufrimiento, división, opresión, miedo y esclavitud son las cosas que nos oprimen cuando estamos sujetos al pecado. Al igual que el pueblo de Panem, nosotros necesitamos alguien que nos salve de nuestro cautiverio.

Devocional 2
Dios Elige Héroes Improbables

1 Corintios 1:27 *"Sino que lo necio del mundo escogió Dios, para avergonzar a los sabios; y lo débil del mundo escogió Dios, para avergonzar a lo fuerte."*

A simple vista, Katniss Everdeen es una chica común del Distrito 12. Al igual que muchos otros niños de Panem, sus días consisten en luchar para sobrevivir en un medio hostil. Ella es la hija huérfana de un trabajador de las minas de carbón y se preocupa por el bienestar de la familia que le queda, como casi todos los niños del Distrito 12 que han perdido a sus papás en accidentes en las minas. El día de la cosecha, Katniss se despierta sobrecogida por el terror al igual que todos los demás habitantes de Panem.

Por otro lado, Katniss es un personaje con muchas imperfecciones: en el primer capítulo de *Los Juegos del Hambre*, ella confiesa que practicó constantemente hasta lograr tener un rostro de indiferencia para que nadie pudiera leer sus pensamientos. Confía en muy pocas personas y le cuesta trabajo desarrollar relaciones, inclusive con aquellos que de verdad se preocupan por ella, incluyendo a Gale, Peeta, su mamá y Prim. En distintos momentos, utiliza a Gale y Peeta en su propio beneficio, especialmente cuando ella cree que le pueden ayudar a sobrevivir. En Sinsajo, Katniss mantiene una lucha constante por su papel como líder rebelde porque ella sabe que sus imperfecciones son grandes. Frecuentemente, ella reconoce sus limitaciones como líder y se pregunta si podrá actuar como la imagen de la rebelión. Por supuesto, se siente acosada constantemente al saber que es la responsable de tantas muertes ocurridas en los Juegos y en la guerra posterior.

El profeta Jeremías era joven, como Katniss, cuando fue llamado para hablarle al pueblo de Dios. David tenía muchas imperfecciones, por eso fue una sorpresiva selección para ser el rey de Israel. La prostituta Rahab pertenece al linaje de Jesús. María era una humilde sirvienta. A pesar de que Katniss es por lo general egoísta, obstinada e insensible, las personas alrededor de ella creen que es capaz de hacer grandes cosas y saben que puede ser útil a su causa. Muchas veces Dios elige a personas improbables para que sean siervos de Su voluntad. Él sabe de lo que es capaz cada uno de nosotros y nos llama para que seamos héroes.

Muchas veces Dios elige a personas improbables para que sean siervos de Su voluntad. Él sabe de lo que es capaz cada uno de nosotros y nos llama para que seamos héroes.

Devocional 3
Somos Libres en Cristo

Gálatas 5:1 *"La libertad con que Cristo nos hizo libres."*

LOS CIUDADANOS SON mantenidos cautivos en los distritos por las autoridades del Capitolio, y en especial por Los Juegos del Hambre. Los Juegos ensombrecen la existencia de los ciudadanos de Panem con terror y amenazas constantes al ser obligatorio que cada distrito envíe tributos y que todos los ciudadanos observen. Durante la primera cosecha, Katniss se da cuenta de que Los Juegos del Hambre fueron creados para recordarles constantemente a los ciudadanos de Panem que están a merced total del Capitolio y que si desobedecen alguna ley pueden ser destruidos al instante. Ella describe la Gira de la Victoria como la vía que tiene el Capitolio de mantener constante el sentimiento de horror, para que las personas estén sujetas al miedo. En Sinsajo, los rebeldes que se trasladan al Distrito 13 se dan cuenta que han sido esclavizados de nuevas maneras: permanecer bajo tierra obligatoriamente, control estricto de horarios y racionamiento de alimentos, además de estar gobernados por un líder dictatorial.

El concepto de alimento y entretenimiento, como lo explica Plutarch Heavensbee, nos recuerda las antiguas tácticas utilizadas por los emperadores romanos para evitar que el populacho obtuviese demasiado poder.

Katniss se siente reprimida por las autoridades opresoras que gobiernan Panem y el Distrito 13. En cuanto se le presenta la oportunidad, ella escapa hacia el bosque donde se siente libre; cuando no se puede escapar se siente sofocada. Sin embargo, al ofrecerse como voluntaria en lugar de Prim y, posteriormente, al aceptar ser el Sinsajo, Katniss se adentra voluntariamente en un tipo diferente de relación. Desde el momento en que se convierte en un tributo, Katniss se refiere a sí misma como un peón en los Juegos, queriendo decir que ha entregado el control de su propio destino. Al convertirse en el Sinsajo, ella pierde aun más poder sobre su vida. Al ser la cara de la rebelión, nunca puede ser ella misma, sino que debe ser lo que los rebeldes necesitan que sea para traer paz a Panem. Al combatir junto con el resto de su nación, Katniss apoya la causa rebelde y hace posible que Panem se libere del gobierno opresor del Capitolio.

Igualmente, Cristo sacrificó Su voluntad para restaurar la paz en la Tierra. A diferencia de Katniss y los motivos a los cuales ella se entregó, Cristo se rindió ante la voluntad perfecta, amorosa y santa de Dios. Era necesario que Dios entrara en nuestra experiencia para podernos liberar de nuestra condena a muerte.

A través de su encarnación Cristo se hizo hombre, dejó a un lado su libertad celestial para podernos liberar de nuestros pecados. Al morir humildemente en la cruz, Cristo nos salvó de la muerte y nos dio vida eterna. Con esta acción Él nos dio el ejemplo de cómo debemos vivir: al vivir una vida cristiana, se nos pide que dejemos a un lado nuestra voluntad para encontrar la verdadera libertad que se obtiene al seguir la voluntad de Dios.

Él nos dio el ejemplo de cómo debemos vivir: al vivir una vida cristiana, se nos pide que dejemos a un lado nuestra voluntad para encontrar la verdadera libertad que se obtiene al seguir la voluntad de Dios.

Devocional 4
Solo el Sacrificio de Cristo
Puede Expiar los Pecados

1 Juan 2:2 *"Y él es la propiciación por nuestros pecados."*

LA LEY DE Panem exige que los niños sean sacrificados como pago por la traición de las generaciones pasadas. Después de que los distritos se rebelaron, el Capitolio instauró el Tratado de Traición como una serie de reglas para garantizar la paz; también se estableció la tradición de Los Juegos del Hambre. Los tributos son los niños seleccionados para representar a su distrito en los brutales y mortales Juegos del Hambre. Los niños son enviados al Capitolio como castigo por la rebelión de los Días Oscuros. Toda la nación de Panem está sometida a estas leyes, pero las mismas afectan principalmente a los más pobres y vulnerables.

La palabra tributo por sí sola significa pago o sacrificio. Cuando Katniss escucha que llaman el nombre de Prim en la mañana de la cosecha, está consciente de que su pequeña y vulnerable hermana no tiene esperanzas de regresar al Distrito 12. La valiente decisión de Katniss de ofrecerse en lugar de Prim, salva a su hermana de morir en la arena. Katniss reconoce que es posible que ella misma muera y lo acepta antes de permitir que su hermana sea asesinada. Este es un ejemplo del sacrificio de Katniss en lugar de su hermana.

El valiente acto de sacrificio de Katniss salva la vida de su hermana y, aunque es digno de reconocimiento, también nos podemos regocijar en que Dios hace mucho más que eso por nosotros. Cuando caímos y recibimos la muerte como castigo por nuestras fallas, Dios envió a Su hijo Jesucristo para que fuera sacrificado en lugar nuestro. En el Antiguo Testamento Dios entregó la Ley, la cual establecía que se debían sacrificar corderos puros y sin mancha para expiar los pecados. Pero, con Su muerte en la cruz, Jesús nos liberó de esa ley y cargó con nuestros pecados. Ahora podemos estar en armonía con Dios porque Cristo murió voluntariamente por nosotros y nos liberó de estas leyes. En la teología cristiana esto se conoce como expiación, que significa purificación.

La valentía de Katniss se hace eco de las palabras de Cristo a sus seguidores: no hay amor más grande que dar la vida por los amigos. Al ofrecerse para sustituir a su hermana, Katniss se convierte en un ejemplo de la virtud del sacrificio. Sin embargo, solo Cristo puede expiar nuestros pecados.

En el Antiguo Testamento Dios entregó la Ley, la cual establecía que se debían sacrificar corderos puros y sin mancha para expiar los pecados. Pero, con Su muerte en la cruz, Jesús nos liberó de esa ley y cargó con nuestros pecados.

Devocional 5
No Existe Nada Más Grande que el Amor Incondicional

Isaías 54:10 *"Porque los montes se moverán, y los collados temblarán, pero no se apartará de ti mi misericordia."*

PEETA MELLARK ES un paradigma de amor constante y firme de muchas maneras. En los primeros Juegos, él le dice a Katniss que la ha amado desde que tenía cinco años y que siempre pensaba en ella, aunque tuviera otras chicas delante. Durante la trilogía, Peeta nunca vacila sobre el amor que siente por ella, a pesar de la indiferencia sentimental con la que Katniss lo trata. Él nunca le pide a Katniss que le conteste con una declaración de amor, aun cuando él no pone límites al amor que siente por ella. Peeta siempre se está arriesgando para proteger a Katniss. Cuando eran niños casi recibe una paliza de su propia madre porque le dio a Katniss un pedazo de pan quemado. Durante Los Juegos del Hambre pone su vida en peligro una y otra vez para salvarla, inclusive cuando él es tomado por el Capitolio y convertido en contra de Katniss por un tiempo. En el fondo, su amor es verdadero y posteriormente se redescubre a sí mismo, junto con un nuevo amor por ella.

En la segunda entrega de la trilogía, En Llamas, Haymitch le dice a Katniss: Podrías vivir cien vidas, y todavía no lo merecerías. Obviamente, la estima que Katniss tiene por Peeta no posee la misma firmeza y entrega que la que él le demuestra. Cuando Peeta declara por primera vez su amor a Katniss en los 74º Juegos del Hambre, ella cree que él está motivado por la autopreservación; ella desconfía de Peeta a pesar de su amor incondicional. En *Los Juegos del Hambre* y en gran parte de *En Llamas*, Katniss utiliza a Peeta para sobrevivir en la arena y a las amenazas del Capitolio. Solo cuando ambos son devueltos a la arena es que Katniss comienza a mostrar que es capaz de reciprocar los mismos sentimientos de Peeta y, sin embargo, al final de Sinsajo, Gale señala que Katniss solo ama verdaderamente a aquellos que le ayudan a sobrevivir, lo cual es una gran crítica de su carácter. Además, Katniss se encuentra dividida entre su amor por Peeta y el amor que siente por Gale. Ella no es capaz de entregarse de corazón a uno de estos hombres porque su amor cambia según la circunstancia.

Peeta nos demuestra cómo es que debemos amar. Sin embargo, con bastante frecuencia nos comportamos como Katniss en relación a nuestro amor a Dios y a los demás. Cuando creemos que no necesitamos el amor de Dios para sobrevivir, nos olvidamos de consagrarnos a Él. Nuestro amor es dependiente, condicional y variable. El amor de Dios es puro e inalterable. En Romanos 8, Pablo dice: "Por lo cual estoy seguro de que ni la muerte, ni la vida, ni ángeles, ni principados, ni potestades, ni lo presente, ni lo por venir, ni lo alto, ni lo profundo, ni ninguna otra cosa creada nos podrá separar del amor de Dios, que es en Cristo Jesús Señor nuestro." Nos podemos regocijar en que el amor de Dios nunca nos abandonará y debemos esforzarnos por vivir nuestras vidas en un amor inalterable con Dios y nuestro prójimo.

Nuestro amor es dependiente, condicional y variable. El amor de Dios es puro e inalterable.

Devocional 6
Necesitamos a Cristo y a Nuestro Prójimo

1 Juan 4:11 *"Amados, si Dios nos ha amado así, debemos también nosotros amarnos unos a otros."*

Una de las razones por las cuales Katniss desconfía de las personas es porque la han decepcionado tanto que se le hace difícil tener fe. Es por esto que la declaración de amor de Peeta trae confusión a Katniss. Una de sus mayores luchas a lo largo de la trilogía es aprender a confiar en los demás al igual que en sí misma. Peeta y Katniss dependen totalmente el uno del otro. Estos dos personajes son claves el uno para el otro, por lo que deben convencer al mundo del amor existente entre ellos para permanecer con vida. En la nación distópica de Panem, una realidad alternativa en la que Dios no existe, estos dos personajes se encuentran en situaciones en las que solo se tienen el uno al otro. En todo momento deben actuar como defensores el uno del otro.

El apóstol Pablo escribió: "Sobrellevad los unos las cargas de los otros, y cumplid así la Ley de

Cristo". Como cristianos debemos confiar los unos en los otros cuando hacemos frente a las cargas y así estaremos cumpliendo la Ley de Cristo. Cuando la vida nos pone pruebas, podemos encontrar fuerzas en las relaciones con los demás. Puede ser difícil aprender a confiar unos en otros, pero la misma Biblia nos recuerda que el amor cristiano se debe al prójimo. Debemos ayudar a aquellos que están en problemas y aceptar la ayuda de los demás cuando nosotros estamos en problemas. A medida que Katniss y Peeta aprenden a confiar el uno en el otro, ambos crecen y muestran la humildad que permite que el amor cristiano nazca, se fortalezca y florezca.

Como Katniss y Peeta solo se tienen el uno al otro, la dependencia que existe entre ellos es absoluta. ¡Qué terrible es colocar todas las esperanzas solamente en el amor y el apoyo de otro ser humano! Las personas cambian, son variables y, poco confiables. En la trilogía de Los Juegos del Hambre, Katniss no ama a Peeta como debería y cuando Peeta es secuestrado, su amor por Katniss se hace inestable. Los cristianos debemos amarnos los unos a los otros porque Dios nos ama y el amor de Dios es tan grande que debemos compartirlo con otros. A pesar de que sabemos que los humanos nos decepcionarán de vez en cuando, mostramos amor por nuestros semejantes. Sin embargo, Dios es perfecto y Su amor nunca falla. Nos podemos regocijar en que, a pesar de que debemos apoyarnos entre nosotros para vencer las pruebas de la vida, también tenemos la gran esperanza de un Abogado en el cielo que nos ama y nos apoya en todo momento y circunstancia. Nuestro llamado en esta vida es ser humildes ante los demás; de esta forma comenzaremos a ver el mundo como Dios lo ve.

Nos podemos regocijar en que a pesar de que debemos apoyarnos entre nosotros para vencer las pruebas de la vida, también tenemos la gran esperanza de un Abogado en el cielo que nos ama y nos apoya en todo momento y circunstancia.

Devocional 7
Dios Nunca Abandona al Pobre, al Afligido o al Oprimido

1 Juan 3:17 *"Pero el que tiene bienes de este mundo y ve a su hermano tener necesidad, y cierra contra él su corazón, ¿cómo mora el amor de Dios en él?"*

EL INSTINTO NATURAL de Katniss Everdeen es proteger a los débiles y a los que sufren. La historia comienza con su decisión heroica de proteger a su inocente hermana de la tortura y la muerte en la arena. Sin embargo, a medida que la historia avanza, Katniss se da cuenta de su responsabilidad de buscar justicia para todos los que son oprimidos y perseguidos en Panem por las distintas autoridades. Prácticamente se convierte en la voz de los que no pueden hablar. La importancia de Katniss como el rostro de la rebelión le permite hablar por aquellos que sufren; ella utiliza su notoriedad para hacerle frente al Capitolio y para esperanzar a los rebeldes.

Uno de los momentos cruciales que hacen que Katniss se dé cuenta del gran propósito que tiene por delante se presenta en Sinsajo, durante la visita a un hospital rebelde, justo antes de que este sea bombardeado. Cuando ella saluda a los que han sido heridos en las luchas contra el Capitolio, se da cuenta que ella representa algo muy importante para aquellos que están sufriendo en los distritos. Ellos son víctimas del despiadado régimen de Snow y de los métodos de la opresión política. Mientras le habla a los heridos, se despierta en ella un poder que no había comprendido hasta ahora: el poder de inspirar a otros a tener esperanza en que la justicia puede llegar algún día a Panem.

Cuando Katniss observa impotente los bombarderos del Capitolio arrasar con el hospital, ella canaliza su ira en un conmovedor discurso que es grabado y transmitido posteriormente en todo Panem. Ella señala las ruinas del hospital y habla por los hombres desarmados, las mujeres y los niños que han sido asesinados unos momentos antes. Ella culpa al Capitolio y llama a Panem a tomar acción, diciendo: ¡Debemos luchar!

Como cristianos también somos llamados a luchar contra aquellos que oprimen a los pobres, a los afligidos y a los oprimidos. Dios nos dice que debemos buscar la justicia y amar la misericordia, sin embargo con frecuencia intentamos ignorar nuestra responsabilidad con aquellos que están necesitados. Tenemos la misión de proteger a los débiles y hablar por los que no pueden expresarse. Cristo les decía a sus seguidores que cuando nos ayudamos los unos a los otros, estamos participando del amor perfecto de Dios. Si como cristianos llamados por Dios para buscar la justicia no hablamos por aquellos que no pueden hablar, ¿quién lo hará?

Como cristianos también somos llamados a luchar contra aquellos que oprimen a los pobres, a los afligidos y a los oprimidos.

Devocional 8
Siempre Podemos Confiar en Dios

Proverbios 3:5 *"Fíate de Jehová de todo tu corazón, y no te apoyes en tu propia prudencia."*

EN SINSAJO, CUANDO Peeta es rescatado del Capitolio, no se encuentra en control de su mente y debe poner toda su fe en la palabra de los demás para reconstruir la verdad. Él ha sido secuestrado y no puede siquiera recordar correctamente debido a las torturas y las técnicas para controlar la mente. Hasta este momento Peeta había demostrado un carácter confiable, pero ahora está desorientado por su incapacidad para distinguir entre lo imaginario y la realidad. Como Katniss aparece frecuentemente en estos recuerdos alterados, su confusión es alentada por la indecisión de ella con respecto a la relación que había entre ambos.

En la misión Escuadrón Estrella enviada al Capitolio, Peeta confiesa su dificultad para distinguir entre la verdad y la ficción; posteriormente pregunta:

¿En quién puedo confiar? A lo que el escuadrón contesta que puede confiar en ellos. El equipo crea un juego llamado Verdad o Ficción en el cual Peeta pude preguntar si algo es verdad o ficción y el equipo le ayudará a distinguir entre las ilusiones y la realidad. Durante esta misión Peeta debe confiar completamente en las manos de los demás. Claro está que todos los escuadrones de tácticas confían los unos en los otros para lograr sobrevivir, pero Peeta tiene que depositar un poco más de fe en sus compatriotas. Él no solo está arriesgando su vida, sino también su identidad. La disposición de Peeta de poner su confianza completamente en las manos de otros, inclusive cuando es imposible saber a ciencia cierta cuáles son sus intenciones, demuestra su buen carácter y que está abierto a confiar ciegamente en la voluntad de otros.

De la misma forma, a veces los cristianos deben confiar ciegamente en Dios. No podemos conocer todo lo que Dios quiere para nosotros y algunas veces Sus designios son indescifrables. Sin embargo, cuando confiamos solamente en nuestro parecer podemos perder de vista el plan que Dios tiene para nosotros. Al depositar toda nuestra confianza en el amor de Dios, aseguramos que nuestras vidas sean guiadas por Aquel que conoce qué es lo más importante, verdadero y correcto para nosotros. Solo confiando en Dios podremos experimentar la seguridad de que la verdad está de nuestro lado.

Al depositar toda nuestra confianza en el amor de Dios, aseguramos que nuestras vidas sean guiadas por Aquel que conoce qué es lo más importante, verdadero y correcto para nosotros.

Devocional 9
El Espíritu Santo nos Mueve

Lucas 4:18 *"El Espíritu del Señor está sobre mí, por cuanto me ha ungido."*

CINNA, EL ESTILISTA de Katniss, decide nombrarla como la chica de fuego. En los primeros Juegos del Hambre él prende fuego al vestido utilizado en la ceremonia de apertura; y posteriormente hace lo mismo en una entrevista con César Flickerman, cuando el vestido comienza a arder al momento en que ella mueve la falda. Cinna no solamente crea una imagen para Katniss que le puede ayudar a obtener algunos patrocinadores, sino que también hace que comience a arder en ella la chispa del valor. Durante el desfile de la ceremonia de apertura, Katniss cree por primera vez desde la mañana de la cosecha que puede sobrevivir a los Juegos. En *En Llamas* el presidente Snow le dice a Katniss que la selección de Cinna fue profética. En una visita que realiza a la casa de Katniss, el presidente la amenaza diciéndole: Has creado una chispa que, si no nos encargamos de ella, puede llegar a convertirse en un infierno. En los eventos previos al Vasallaje, Cinna diseña nuevamente un vestuario con el fuego como tema central; en esta ocasión utilizando brasas de carbón humeantes como inspiración. En Sinsajo Katniss declara ante el Capitolio: "¡El fuego se está contagiando!", en clara advertencia a aquellos que están en el poder de que la justicia se está esparciendo por Panem. Es evidente que Collins emplea el fuego con toda intención: la trilogía está plagada de imágenes de fuego, humo, chispas y llamas. Además, la aparición de Katniss en los medios como una chica de fuego juega un papel esencial en todas las novelas.

Cuando Cinna prende fuego al vestido de Katniss para la ceremonia de apertura de los 74º Juegos del Hambre, él aviva en ella una chispa de valor que la acompañará durante toda la serie. Cuando ella hace frente a la muerte inminente, Cinna le confiere un regalo más valioso que cualquier otro: esperanza. Para Katniss darse cuenta que tiene razones para tener esperanza, primeramente debe caminar por fuego real. Avivada por las llamas de su vestido, ella se ve inmersa en su papel como la chica de fuego. Gracias a las creaciones de Cinna, Katniss se convierte en algo más grande de lo que ella imaginaba posible: un símbolo de esperanza para el pueblo oprimido. Cuando la duda la acecha, o cuando siente que no puede continuar con su misión, Katniss solamente tiene que recordar que ella es Katniss Everdeen: La Chica de Fuego. Sabe que ha sido elegida por las llamas de la justicia para cumplir un propósito mayor.

Un espíritu de fuego nos ha ungido para cumplir una misión superior y el Espíritu Santo nos sostiene con esperanza. Cuando los apóstoles recibieron por primera vez el Espíritu Santo en Hechos, el Espíritu los ungió mediante lenguas de fuego. Antes de que el Espíritu descendiera sobre ellos, los discípulos no tenían el poder para realizar el trabajo que Cristo les había encargado que hicieran. Después de haber sido encendidos por el don del Espíritu Santo, los discípulos comenzaron a esparcir la obra de Dios por el mundo. Al igual que Katniss, nosotros debemos llenarnos de fuego antes de comenzar a hacer nuestro trabajo en el mundo; en nuestro caso, la obra que el Evangelio ha dispuesto para nosotros.

Al igual que Katniss, nosotros debemos llenarnos de fuego antes de comenzar a hacer nuestro trabajo en el mundo; en nuestro caso, la obra que el Evangelio ha dispuesto para nosotros.

Devocional 10
Para Dios Toda Vida es Valiosa

Mateo 25:40 *"De cierto os digo que en cuanto lo hicisteis a uno de estos mis hermanos más pequeños, a mí lo hicisteis."*

KATNISS FORMA UNA alianza con Rue, el tributo femenino del Distrito 11, durante los 74º Juegos del Hambre. Rue es la participante más joven y por lo tanto es muy vulnerable; a pesar de su ingenio y velocidad es considerada como un blanco fácil. Sus fortalezas como sobreviviente son ignoradas por la mayoría de los tributos que creen que ella es demasiado pequeña y débil como para ser considerada un peligro real. Sin embargo, Katniss descubre que Rue posee más habilidades de las que se ven a simple vista. Después de que Rue ayuda a Katniss a escapar del grupo de los Profesionales, ambas establecen una amistad y trabajan juntas para permanecer con vida. La alianza no dura mucho tiempo. Rue es capturada y asesinada brutalmente ante los ojos de Katniss.

En toda la trilogía de Los Juegos del Hambre solo hay un momento que contiene un ritual religioso: el funeral de Rue. Abrumada por la pena, Katniss desafía la desconsideración que expresa el Capitolio por la vida de las personas, tomando un momento durante los Juegos para rendir honor a Rue. Katniss recoge flores, canta una canción y se despide de la inocente niña que fue víctima de los horrendos juegos del Capitolio. En este sencillo, pero profundo momento de reflexión, Katniss obliga a los espectadores (y a nosotros) a tomar un momento y recordar que Rue no es simplemente un rostro, un bien dispensable, sino una persona real. Ella nos recuerda que todas las vidas son valiosas.

Como cristianos, afianzamos la dignidad de todos los seres humanos y tenemos la responsabilidad de mantener en alto el valor de la vida. Para Dios, toda vida es valiosa. Nosotros somos Sus hijos, y nos ama a todos por igual. Es posible que el axioma más aceptado en todo el mundo sea: Haz con los demás lo que quieres que hagan contigo. La Biblia misma dice que como somos hechos a imagen y semejanza de Dios, tenemos la obligación de tratar a todos con respeto y dignidad.

Como cristianos, afianzamos la dignidad de todos los seres humanos y tenemos la responsabilidad de mantener en alto el valor de la vida.

Devocional 11
Sé Fiel a Dios y a Ti Mismo

Romanos 12:2 *"No os conforméis a este siglo, sino transformaos por medio de la renovación de vuestro entendimiento."*

COMO UN COMENTARIO sobre la superficialidad de cualquier cultura voyerística, Collins abunda con frecuencia en las apariencias. Por ejemplo, la autora dedica varios pasajes extensos a describir los vestidos y la moda; la apariencia exterior de Katniss está bajo constante manipulación, ya sea de los vestidos de Cinna o por los estilos de peinado, para proyectar una imagen en particular. Collins también otorga una importancia inusual a la actividad de los medios durante su historia y sus personajes reflexionan frecuentemente sobre la función de las cámaras, los reporteros, las entrevistas y las transmisiones públicas. Las cosechas, las entrevistas de César Flickerman, la transmisión de los Juegos, todo juega un importante papel en el desenlace de la narrativa de Los Juegos del Hambre. Collins también demuestra cuidadosamente cómo son controladas y planeadas varias de las apariencias superficiales: los medios son utilizados para la propaganda y evidentemente

Katniss sabe que su apariencia ha sido elaborada para lograr distintos propósitos.

Contrario a toda la superficialidad y falsedad que parecen ser verdad a simple vista, Collins crea el personaje de Peeta como una figura preocupada en extremo por la verdad. Una noche antes de sus primeros Juegos del Hambre, Peeta y Katniss tienen una importante conversación en el techo de su hogar temporal en el Capitolio. En esa noche él le dice a Katniss: "No quiero que ellos me cambien. No quiero que me conviertan en una especie de monstruo que no soy". A pesar de estar rodeado de estilistas y cámaras, Peeta se mantiene firme en su forma de ser, lo cual se demuestra especialmente por su invariable amor hacia Katniss. Inclusive cuando el Capitolio lo secuestra, la primera preocupación de Peeta es recuperar su capacidad para discernir la verdad (como se evidencia en su frase: "¿real o no real?" Peeta nunca cambia su forma de ser voluntariamente para complacer a alguien más. En realidad, él es la viva imagen de la verdad y la realidad, un personaje que se rehúsa a conformarse con los patrones del mundo.

Dios nos llama a que vivamos con virtud y profundamente. Cristo le dice a sus seguidores que busquen la verdad en todas las cosas. Cuando nos es difícil discernir entre lo que es real y lo que no lo es, solo tenemos que pedir la ayuda de Dios. Sin embargo, cuando nos entregamos a las apariencias, podemos perdernos entre las cosas que no importan en realidad. Podemos estar en el mundo, pero es importante que no nos dejemos cambiar. Cuando nos entregamos a Cristo, dejamos a un lado las cosas que nos atan a este mundo y, de esa forma, podemos ganar mucho más: verdad, profundidad, integridad y perfección.

Dios nos llama a que vivamos con virtud y profundamente.

Devocional 12
Escoge Tus Amigos Sabiamente

Proverbios 1:10, 16 *"Hijo mío, si los pecadores te quisieren engañar, no consientas. Porque sus pies corren hacia el mal, y van presurosos a derramar sangre."*

AL COMENZAR LOS Juegos del Hambre, Katniss sabe que una de las estrategias más comunes, especialmente entre los Profesionales, es formar bandas o grupos entre los tributos y matar a los demás hasta que solo queden vivos los que forman la alianza. Durante los 74º Juegos del Hambre, Cato, Glimmer, Marvel y Clove forman una alianza con otros pocos. Durante un tiempo Katniss sospecha que Peeta puede ser parte de esa alianza hasta que un día él le salva la vida. La propia Katniss forma una alianza, primeramente con Rue y luego con Peeta. Sin embargo, durante gran parte de Los Juegos del Hambre ella no se siente cómoda con la idea de aliarse con alguien. Saber que en algún momento deberá matar a los que están en la misma alianza con ella representa un peligroso juego mental. De hecho, al término de la competencia Katniss ya está tan apegada a Peeta que prefiere arriesgar la vida de ambos comiendo las bayas venenosas en lugar de romper la alianza.

Peeta y Katniss sobreviven sus primeros Juegos del Hambre principalmente porque escogieron estar juntos sin importar lo que se atravesara entre ellos (incluyendo el anuncio de Seneca Crane al final para que uno de ellos matase al otro.) En el Vasallaje vuelven a formar una alianza, en esta ocasión más grande, conformada por un inesperado grupo de tributos. Los que se unen a Peeta y Katniss protegen los tributos del Distrito 12 y los salvan del peligro, arriesgando frecuentemente sus vidas. Mags corre hacia la niebla para que Peeta pueda escapar; Finnick reanima a Peeta cuando está inconsciente; y Johanna le quita el rastreador a Katniss, quedando lo suficientemente vulnerable para ser capturada por el Capitolio. La otra alianza formada en el Vasallaje se conformaba por Brutus, Enobaria, Cashmere y Gloss. Esta alianza es descrita como sanguinaria, despiadada y leal a nada más que sus propios intereses personales.

La Biblia nos recomienda que escojamos nuestros amigos sabiamente. Jesús les dice a sus discípulos que ellos no lo eligieron a Él, sino que Él los eligió a ellos para que pudieran dar un fruto que permanezca. En otro momento, Jesús dice: Un buen árbol no puede dar frutos malos, ni un árbol malo puede dar buenos frutos. Podemos saber si nuestras amistades son saludables y buenas analizando qué tipo de frutos dan. Si nuestras amistades hacen que nos comportemos cruelmente, que no tengamos misericordia, o que seamos codiciosos, debemos analizar nuevamente nuestras elecciones. Sin embargo, cuando nuestras amistades nos animan a vivir con amor, gracia y bondad hacia nuestro prójimo, podemos estar seguros que estamos creando alianzas que son agradables a Dios.

Podemos saber si nuestras amistades son saludables y buenas analizando qué tipo de frutos dan.

Devocional 13
¿A Costa de Quién?

Ezequiel 16:49 "He aquí que esta fue la maldad de Sodoma tu hermana: soberbia, saciedad de pan, y abundancia de ociosidad tuvieron ella y sus hijas; y no fortaleció la mano del afligido y del menesteroso."

En la trilogía de Los Juegos del Hambre el Capitolio se describe como un sitio de excesos, codicia y egoísmo. Inclusive antes de que Katniss llegase al Capitolio para participar en sus primeros Juegos del Hambre, ella está abrumada por el exceso de comida, bebida y personal utilizados en el tren que va a la ciudad. A pesar de que ella ha pasado semanas sin tener una comida decente, Katniss se ve de repente en el Capitolio rodeada de suntuosos bufés con cantidades de comida que parecen no acabarse nunca. Mientras su familia tenía que luchar para obtenerlo todo, las personas en el Capitolio eran atendidas por sirvientes, por lo general avox: un término utilizado para nombrar a alguien a quien le han arrancado la lengua como castigo por sus acciones rebeldes. Las personas del Capitolio son extremadamente vanas, gastan enormes cantidades de dinero para cambiar sus apariencias o comprar las últimas tendencias de la moda. La experiencia de Katniss es tan contrastante con la vida en el Distrito 12 que siente asco. Plutarch Heavensbee confirma en Sinsajo que el propósito de los distritos es proveer al Capitolio con alimento y entretenimiento.

Nada representa mejor el grotesco exceso del régimen del Capitolio como la bebida ofrecida a Peeta durante su Gira de la Victoria. En *En Llamas* cuando Katniss y Peeta se detienen en el Capitolio durante su Gira de la Victoria por Panem se les extiende un espléndido banquete en su honor. Inclusive Katniss es engañada por las suculentas delicias que se les ofrecen esa noche. Sin embargo, hay un momento en el que Flavius le ofrece a Peeta una bebida que le hace vomitar para que pueda seguir comiendo. El incidente no solo destruye el apetito de Katniss y Peeta, sino que también les hace recordar la actitud que tiene el Capitolio de no detenerse ante nada hasta satisfacer los deseos de sus egoístas habitantes.

El Capitolio de la serie de Collins se asemeja a la ciudad de Sodoma citada en la Biblia, entregada al orgullo, los excesos y la codicia. El pueblo de Sodoma se excedió en lujuria y codicia; ellos obtenían ganancias explotando a los pobres y vulnerables. Cristo nos ordenó cuidar al pobre, ayudar al enfermo y visitar a los que están en prisión. Sin embargo, con frecuencia los cristianos nos dejamos llevar por los lujos de la vida y no llevamos a cabo el mandato de Dios de vivir sencillamente y ayudar al pobre. ¿A costa de quién recibe usted su alimento y entretenimiento?

Cristo nos ordenó cuidar al pobre, ayudar al enfermo y visitar a los que están en prisión. Sin embargo, con frecuencia los cristianos nos dejamos llevar por los lujos de la vida y no llevamos a cabo el mandato de Dios de vivir sencillamente y ayudar al pobre.

Devocional 14
Cristo es el Pan de Vida

Mateo 26:26 *"Y mientras comían, tomó Jesús el pan, y bendijo, y lo partió, y dio a sus discípulos, y dijo: Tomad, comed; esto es mi cuerpo."*

PENSEMOS UN MOMENTO en el pan: Collins lo utiliza en toda la trilogía de Los Juegos del Hambre como símbolo de vida, esperanza y generosidad. El nombre Panem significa literalmente pan, y como el pan representa las necesidades alimenticias más básicas para vivir, es un nombre ideal para la nación. El pan se convierte en una parte importante de la experiencia de Katniss en Los Juegos del Hambre. Durante la edición 74º de los Juegos, ella recibe una barra de pan cuando está al borde de la inanición y en la edición del Vasallaje se envían veinticuatro barras de pan a los tributos aliados, llevando alimentación y un mensaje sobre cómo escapar.

Peeta desciende de una familia de panaderos y él heredó el talento. Por lo tanto, Katniss relaciona el pan con Peeta, el chico con el pan, el cual le salvó la vida mucho antes de llegar a la arena. En una ocasión en que los alimentos eran muy escasos para Katniss y su familia, Peeta la vio en la calle malnutrida y casi muriéndose de hambre. Para salvarle la vida, él le dio una barra de pan quemado. Este amable gesto le costó una paliza de parte de su madre después que ella descubrió lo que él había hecho. Por esto, la acción de Peeta de entregarle el pan es atesorada por Katniss durante el resto de su infancia y en la serie ella se refiere a Peeta como el chico con el pan.

Con frecuencia Jesús es llamado el Pan de Vida porque el pan que Él nos da nos trae vida y alimenta nuestro espíritu. Él les dice a sus discípulos que no solo de pan vive el hombre; también necesitamos el don de la Palabra de Dios para vivir íntegra y profundamente. Por lo tanto, Dios nos entrega a su Hijo para que sea el pan de vida con el cual podemos alimentar nuestras almas. Cristo tuvo una cena para sus amigos antes de morir en la cruz. En esta cena Él les dice que su cuerpo será el pan y su sangre, el vino. Cuando Peeta le da el pan a Katniss, está entregando vida; sin embargo, inclusive con este pan, Katniss está sujeta a morir algún día. Dios nos da a su único Hijo para que sea nuestro pan eterno y podamos vivir por siempre. Para vivir nuestras vidas con fe y plenitud solo necesitamos confiar en el pan que Dios nos da en Cristo.

Con frecuencia Jesús es llamado el Pan de Vida porque el pan que Él nos da nos trae vida y alimenta nuestro espíritu.

Devocional 15
Dios Juzga lo que Está en el Corazón

1 Samuel 16:7 *"Pues el hombre mira lo que está delante de sus ojos, pero Jehová mira el corazón."*

Uno de los aspectos más perturbadores de Los Juegos del Hambre es que los patrocinadores eligen a quién enviarán sus regalos basándose en las probabilidades y en la apariencia. Desde el momento en que Katniss entra al Capitolio, sabe que está siendo juzgada por su apariencia. Para ganarse el favor de los ciudadanos de Panem, ella debe presentarse de una forma agradable a la vez que demuestra su potencial como contendiente. Todo es sometido a un escrutinio severo: sus ropas, los gestos, las palabras, las acciones; no solo por los creadores de los Juegos, sino por toda la nación de Panem. Además, las personas apuestan a los niños escogidos como tributos para Los Juegos del Hambre basándose en la apariencia de ellos. Rue no tiene muchas probabilidades debido a que es joven y vulnerable, pero los tributos como Cato tienen muy buenas probabilidades. Inclusive este tipo de factores afectan el hecho de que los tributos reciban o no donativos en la arena.

Todos somos culpables por juzgar a los demás basándonos en sus apariencias. Como seres humanos pecadores frecuentemente consideramos importantes factores que no lo son: damos valor al dinero, las posesiones, los cuerpos atractivos. Con frecuencia creemos que el valor de una persona está relacionado con estas cosas externas. Dios no juzga de la misma forma que lo hacemos las personas. Mientras nosotros nos fijamos en el exterior y juzgamos el valor de una persona basándonos en lo que es visible, Dios mira los corazones. Amabilidad, gentileza, amor por la justicia, estas son las cosas que Dios encuentra valiosas. Nos podemos regocijar en que Dios no nos juzga por nuestra apariencia o nuestras probabilidades de tener éxito en nuestra vida terrenal. En cambio, sabemos que Dios mira en lo profundo del corazón y conoce nuestra alma. Por lo tanto, en lugar de demostrar nuestra valía a través de la apariencia exterior, debemos desarrollar nuestro carácter desde el interior.

Dios no juzga de la misma forma que lo hacemos las personas. Mientras nosotros nos fijamos en el exterior y juzgamos el valor de una persona basándonos en lo que es visible, Dios mira los corazones.

Devocional 16
Dios Elige el Amor Antes que la Justicia

Santiago 2:13 *"Porque juicio sin misericordia se hará con aquel que no hiciere misericordia; y la misericordia triunfa sobre el juicio."*

Durante Los Juegos del Hambre Katniss Everdeen se encuentra dividida entre dos hombres a los que ama y que sus caracteres representan virtudes esenciales diferentes. Por un lado ella ama a Gale Hawthorne, su compañero de cacería y confidente con quien ha desarrollado una amistad íntima durante varios años. A Gale le apasiona el hambre de justicia y un deseo de liberar a los pobres y oprimidos de Panem. Katniss admira esta pasión por obtener justicia, pero aunque ella tiene sentimientos por Gale sabe que él no siente lo mismo por ella.

Katniss también ama a Peeta Mellark, con quien se encariña grandemente a través de la experiencia de ambos en los Juegos. A diferencia de Gale, Peeta muestra virtudes de amor incondicional e invariable, un amor que no cesa aun cuando su ser amado no es recíproco, un amor que perdona una y otra vez. El amor de Katniss por Peeta se desarrolla con el tiempo, y a través de toda la serie ella falla en dedicarse completamente a Peeta con el mismo compromiso y seguridad con que él se entrega a ella. Sin embargo, a pesar de la falta de compromiso por parte de Katniss, Peeta nunca deja de amarla.

Durante la mayor parte de la trilogía de Los Juegos del Hambre Katniss se debate entre su amor por Gale y el amor que siente por Peeta. Sin embargo al final, ella se da cuenta que siempre ha necesitado el amor invariable de Peeta que lo perdona todo, más de lo que necesita la pasión de Gale por obtener justicia. Solo el amor la puede rescatar de sus propios defectos.

Dios desea amor y justicia; quiere que vivamos nuestras vidas basándonos en estas dos virtudes. Dios nos dice que debemos buscar el bienestar de los demás, que debemos defender a los oprimidos y a los que están en esclavitud. Él desea que vivamos y amemos en libertad. Sin embargo, nuestro deseo de libertad y justicia debe ser guiado por el ejemplo de Cristo: Él nos liberó con amor mediante su muerte redentora en la cruz. Dios dicta justicia según la ley del amor. Dios nos ama tanto que desea que vivamos libres de las ataduras del pecado. Por su amor no nos condenó, sino que envió a su Hijo para que fuera el sacrificio de amor que nos hiciera libres. Sí, se nos pide que luchemos por la justicia del mundo, pero esa lucha siempre debe estar alimentada con el amor.

Dios dicta justicia según la ley del amor. Dios nos ama tanto que desea que vivamos libres de las ataduras del pecado. Por su amor no nos condenó, sino que envió a su Hijo para que fuera el sacrificio de amor que nos hiciera libres.

Devocional 17
Nuestra Vista en Jesús

Job 42:2 *"Yo conozco que todo lo puedes y que no hay pensamiento que se esconda de ti."*

AL FINAL DE Sinsajo Katniss ve a su hermana en un grupo de asistentes médicos rebeldes que son llevados al Capitolio para ayudar con las víctimas de un gran ataque. Tan pronto llega el equipo médico a atender a las víctimas, explota una bomba y mata a todo el mundo, incluyendo a Prim. Este momento es la experiencia más devastadora que sufre Katniss en toda la trilogía. Todos los esfuerzos que ha hecho han sido motivados por el deseo de proteger a su hermana. La historia comienza cuando Katniss se ofrece como voluntaria para los Juegos con el fin de salvar a su hermana, por lo tanto este giro en la trama es muy cruel con ella, sobre todo porque está a punto de terminar la guerra. A raíz de esta terrible pérdida, Katniss no comprende del todo cuál ha sido su propósito; solo después que pasa el tiempo es que puede recordar que su causa iba más allá de solo salvar a su hermana.

Algunas veces podemos dedicarnos por completo a una meta noble, solo para ver cómo nuestros esfuerzos se desvanecen al final. En estos momentos es fácil perder la esperanza; incluso pudiéramos estar tentados a cuestionar a Dios porqué permitió que fracasaran nuestros esfuerzos. Los mismos discípulos vivieron este tipo de experiencia después de la muerte de Cristo. Ellos perdieron las esperanzas al pensar que toda su trayectoria había sido un callejón sin salida y que su Líder se había ido para siempre. Durante un momento perdieron de vista el objetivo final: no podían confiar en que Dios tenía un plan para ellos. Cuando Jesús se les apareció después de la resurrección, los discípulos se llenaron de gozo; su fe había sido renovada y lograron ver nuevamente el plan de Dios.

Inclusive cuando sentimos que nuestros esfuerzos no conducen a ningún sitio, o que nuestras buenas intenciones no son recompensadas al final, podemos confiar en que Dios tiene un plan. Dios lleva a cabo su propósito de la forma que menos esperamos. Aunque parezca que nuestro trabajo ha sido en vano, solo necesitamos mantener nuestra mirada en Jesús y Él utilizará nuestras vidas para lograr sus propósitos perfectos.

Aunque parezca que nuestro trabajo ha sido en vano, solo necesitamos mantener nuestra mirada en Jesús y Él utilizará nuestras vidas para lograr sus propósitos perfectos.

Devocional 18
Dios no es un Dios de Miedo

Mateo 12:7 (NRSV) *"Y si supieseis qué significa: Misericordia quiero, y no sacrificio, no condenaríais a los inocentes."*

ADEMÁS DE ENVIAR a sus hijos para ser sacrificados en Los Juegos del Hambre, los ciudadanos de Panem deben celebrarlos y expresar gratitud al Capitolio, al igual que arrepentimiento por las rebeliones anteriores. Durante la cosecha, el alcalde del Distrito 12 le dice a la audiencia que Los Juegos del Hambre son para mostrar agradecimiento y arrepentimiento. El mensaje que se quiere transmitir aquí es que los Juegos fueron diseñados para provocar el arrepentimiento de aquellos que se rebelaron contra el Capitolio, y que deben estar agradecidos por la misericordia mostrada por el Capitolio en no sacrificar a todos los hombres, mujeres y niños. En realidad, estas incitaciones al arrepentimiento y agradecimiento son tácticas de miedo y propaganda levemente disimuladas. Sin embargo, como las palabras del alcalde son tan forzadas y falsas, inspiran terror, miedo e ira en lugar de arrepentimiento y agradecimiento.

El arrepentimiento verdadero no puede nacer del terror. Es por esta razón que Dios no es un Dios de miedo. A pesar de que nosotros fallamos una y otra vez en amar a Dios y a nuestro prójimo como debiéramos, Dios no nos guarda rencor. Tampoco exige que hagamos sacrificios para demostrar lo arrepentidos que estamos por nuestros pecados. En cambio, Él nos pide que tengamos un corazón contrito, que reconozcamos que somos criaturas pecadoras y que intentemos vivir mejor y amar como Dios. A Dios no le importa lo exterior, Él prefiere un corazón sincero y que tengamos la voluntad de cambiar para ser mejores. Además, Cristo nos ordena que sigamos el ejemplo de Dios al perdonar a aquellos que nos ofenden. Él nos ordena que seamos misericordiosos, al igual que nuestro Padre en el Cielo lo es.

A Dios no le importa lo exterior, Él prefiere un corazón sincero y que tengamos la voluntad de cambiar para ser mejores.

Devocional 19
Todos Somos Responsables por Tikkun Olam

Jeremías 29:7 *"Y procurad la paz de la ciudad a la cual os hice transportar, y rogad por ella a Jehová; porque en su paz tendréis vosotros paz."*

LA MAÑANA ANTES de la cosecha, Gale le propone a Katniss que ambos escapen hacia el bosque. Él le dice que ambos tienen las habilidades para sobrevivir por sí solos en el bosque, lejos del distrito y todas las injusticias. Por el tono de la conversación se puede deducir que no es la primera vez que Gale le sugiere esto a Katniss. Ella no se siente cómoda son la idea porque Prim y su mamá dependen de ella. Gale, por el otro lado, también tiene una familia grande a la cual debe alimentar. A pesar de que Gale admite que hay muchas personas que dependen de ellos dos, también se aferra a la idea de abandonar el Distrito 12. En *En Llamas* él acepta el desesperado plan de Katniss de escapar con toda la familia, pero se rehúsa a incluir a Peeta. Gale solo logra escapar cuando está preparado para llevar consigo a todo el Distrito 12. La decisión de Gale de guiar a los refugiados del Distrito 12 hacia el 13 conlleva grandes riesgos y la voluntad de asumir responsabilidades.

Algunas veces quisiéramos escapar de nuestras responsabilidades para hacer del mundo un lugar mejor, pero como cristianos sabemos que esta no es una opción. La teología judía enseña un concepto fundamental llamado tikkun olam, que quiere decir "la curación del mundo". En esencia, el término contiene el mensaje de que todos tenemos la responsabilidad de hacer algo para que este mundo sea un lugar mejor. Por lo tanto, este concepto apoya nuestra responsabilidad con este mundo ya que el Reino de Dios se gana en la tierra. Aunque Dios promete que renovará la tierra, también nos ordena que participemos en el trabajo de restauración. Cada uno de nosotros es responsable de contribuir a la eliminación de las injusticias, la conservación de la tierra y compartir las buenas nuevas de Dios con nuestro prójimo. Solo mediante el cumplimiento de nuestro deber de sanar nuestro mundo, podemos participar del gran plan redentor que Dios tiene para nosotros.

Algunas veces quisiéramos escapar de nuestras responsabilidades para hacer del mundo un lugar mejor, pero como cristianos sabemos que esta no es una opción.

Devocional 20
Solo Debemos Lealtad a Dios

Salmos 103:10 *"No ha hecho con nosotros conforme a nuestras iniquidades, ni nos ha pagado conforme a nuestros pecados."*

Durante sus primeros Juegos del Hambre, Katniss le dice a Peeta que ella recuerda claramente la ocasión en la que él le dio el pan porque a ella no le gusta deberle nada a nadie. Katniss se siente en deuda con Peeta porque él le salvó la vida. Motivado por su amabilidad, Peeta continúa protegiendo a Katniss durante el tiempo previo a los Juegos y durante los mismos. Sin embargo, Katniss se siente ofendida por su ayuda porque, en su mente, ella está en deuda con Peeta por su generosidad y protección. En toda la trilogía Katniss demuestra que ella siente un gran rechazo a la idea de estar en deuda con otros por sus acciones. Ella está preocupada porque siempre estará en deuda con Haymitch por haberla sacado a ella y a Peeta con vida de los Juegos; ella siente que le debe a Finnick después de que él salvó a Peeta en los Juegos del Vasallaje; y ella comprende el sentimiento de deuda de Thresh hacia ella por intentar proteger a Rue. Aunque Katniss demuestra su gratitud con el

Distrito 11 y el Hob por los regalos que le enviaron durante Los Juegos del Hambre, su preocupación de estar en deuda con otros demuestra que ella tiene miedo de no ser capaz de reciprocar en la misma magnitud.

¡Gracias a Dios que esta no es la forma en la que Él quiere que comprendamos la generosidad y la amabilidad! Nosotros no vivimos en una economía de amor, intentando estar a mano siempre con aquellos que hacen algo bueno por nosotros. Simplemente se nos pide que vivamos desinteresadamente. Dios no nos trata según lo que debamos, porque si así fuera nunca podríamos siquiera adorarle. En cambio, Él nos ofrece a su Hijo Jesús como un pago final y eterno por todas nuestras deudas. Mediante el sacrificio de su Hijo, Dios destruyó todo el aspecto económico del amor porque Él entregó algo tan perfecto a cambio de algo tan imperfecto que no hay forma de estar a mano. Gracias a este sacrificio, lo único que le debemos a Dios es nuestro amor, honor y alabanza.

Nosotros no vivimos en una economía de amor, intentando estar a mano siempre con aquellos que hacen algo bueno por nosotros. Simplemente se nos pide que vivamos desinteresadamente.

Devocional 21
Dios nos da Valor

Juan 16:33 *"Estas cosas os he hablado para que en mí tengáis paz. En el mundo tendréis aflicción; pero confiad, yo he vencido al mundo."*

En *En Llamas* Katniss va hacia el bosque un día a visitar una cabaña secreta que ella cree está abandonada. Cuando llega descubre que hay dos refugiadas del Distrito 8, llamadas Bonnie y Twill, que se han establecido en la cabaña. Aunque al principio las dos mujeres creen que Katniss les quiere hacer daño, en cuanto la reconocen le dan la bienvenida y comparten con ella todo lo que saben del levantamiento en el Distrito 8. La situación que describe Twill solo puede ser calificada como horrorosa: después que los rebeldes tomaron brevemente los edificios principales, el Capitolio envió suficientes agentes de la paz para arrasar con los baluartes de los rebeldes y aplicar un cierre de emergencia en todo el distrito. Ahora el distrito está gobernado por los agentes de la paz. El hambre abunda y la fuente principal de ingresos del Distrito 8, la fábrica de uniformes, fue bombardeada matando a todos los que estaban en ella.

Bonnie y Twill escaparon con vida a duras penas. Ellas robaron uniformes de agentes de la paz, escaparon hacia el Distrito 6 en un tren y luego continuaron a pie hasta el 12. Las dos mujeres no tenían nada que perder y ahora hacían frente al hambre y la persecución. Twill le cuenta a Katniss que su destino final es el Distrito 13 y que quizás ni exista. El Capitolio siempre ha dicho que este distrito fue destruido completamente durante la primera rebelión. Por lo tanto, Bonnie y Twill han basado todo su viaje en la fe y esperanza de una posibilidad remota. La circunstancia de desesperación a la que están haciendo frente les ha dado un valor inusual que les motiva a buscar algo mejor.

Algunas veces las circunstancias extremas que vivimos nos exigen actuar con valor y claro está que Dios desea que nuestras vidas estén llenas de valor y perseverancia. Cristo advirtió a sus seguidores que iban a sufrir persecución. A pesar de que tenía miedo, Él mismo sufrió voluntariamente la persecución de la cruz. Aunque podemos estar seguros de la promesa de Cristo de darnos vida eterna y salvación, nuestra fe no nos dice que vamos a vivir sin riesgos y nunca se nos prometió una vida terrenal de seguridad. Sin embargo, cuando vemos el ejemplo de Cristo, sabemos que podemos sobreponernos a nuestro miedo y trabajar hasta alcanzar el bien superior. Al igual que Jesús depositó su fe en el plan de Dios, nosotros también podemos confiar en que Dios premiará nuestra fe cumpliendo su promesa de redimirnos al final.

Sin embargo, cuando vemos el ejemplo de Cristo, sabemos que podemos sobreponernos a nuestro miedo y trabajar hasta alcanzar el bien superior.

Devocional 22
Dios Ama el Corazón Generoso

Marcos 12:43-44 *"De cierto os digo que esta viuda pobre echó más que todos los que han echado en el arca; porque todos han echado de lo que les sobra; pero ésta, de su pobreza echó todo lo que tenía, todo su sustento."*

DURANTE SU PRIMER viaje a Los Juegos del Hambre, Katniss recibe una barra de pan de los ciudadanos del Distrito 11. Ella sabe que ellos se lo han dado en gratitud por la forma en que ella honró la muerte de Rue en la arena, e inmediatamente se asombró al pensar lo que les habría costado a las pobres personas del Distrito 11 enviarle un regalo tan generoso. Ella aprendió de Rue las condiciones horrorosas en las que vivían en ese distrito, especialmente la hambruna general, por lo tanto ella sabe que esta barra de pan representa la gran generosidad y voluntad de los ciudadanos del Distrito 11 de pensar en las necesidades de ella antes de las propias. Ella piensa para sus adentros: ¿cuántas personas habrán tenido que ahorrar para juntar una moneda y conseguir este pan?

Esta pregunta de reflexión nos recuerda una historia que encontramos relatada en el Evangelio de Mateo, la cual conocen muchos cristianos. Un día en el templo, Cristo guía la atención de sus discípulos hacia una pobre viuda que depositó dos monedas en el arca de la ofrenda. Aunque estas dos monedas solo representaban un centavo, Cristo les dice a sus discípulos que su donación al templo es más generosa que la de los ricos; aunque los ricos entregan más dinero que la pobre viuda, lo que ella ha dado proviene de la abundancia de su corazón. Al igual que los generosos ciudadanos del Distrito 11 y la viuda pobre del Evangelio de Mateo, Cristo nos demuestra que debemos cultivar la generosidad de nuestros corazones. Dios no desea riqueza, sino la acción genuina que proviene del corazón y la voluntad de entregar de lo poco que tenemos.

Cristo nos demuestra que debemos cultivar la generosidad de nuestros corazones.

Devocional 23
La Honestidad Produce Ganancias, Pero la Falsedad Trae Consecuencias

Proverbios 12:19 (NRSV) *"El labio veraz permanecerá para siempre; mas la lengua mentirosa sólo por un momento."*

NO ES NINGUNA sorpresa que en un mundo de mentiras y decepciones Los Juegos del Hambre estén plagados de engaños. Varios de los tributos se presentarán como débiles para posteriormente emboscar a los demás con una fuerza imprevista. Los tributos formarán alianzas para luego romperlas en los momentos críticos, inclusive Peeta participa en este tipo de engaño. Sin embargo, quizás el engaño más cruel y con mayor cantidad de consecuencias en todos Los Juegos del Hambre ocurre en la narrativa del desenlace romántico de la primera novela. Para obtener patrocinadores, Katniss sabe que debe convencer a los que observan los Juegos que ella y Peeta están locamente enamorados y se deja arrastrar hasta que está inmersa en esta enorme mentira.

Desafortunadamente, Peeta no está mintiendo y al final de la competencia termina devastado cuando se da cuenta que Katniss lo ha estado utilizando para sobrevivir. La falsa declaración de amor de Katniss se sale fuera de control en *En Llamas*, cuando el presidente Snow le ordena que convenza a todo Panem, especialmente a él mismo, de que ella realmente ama a Peeta. Cuando ella falla en hacerlo, pone en riesgo la vida de ambos.

En Sinsajo Peeta es secuestrado por el Capitolio y no puede discernir entre la verdad y la ficción. Es comprensible su ira y hostilidad hacia Katniss: aunque verdaderamente se debe decir que le han lavado el cerebro, Peeta sabe que ella nunca ha sido completamente honesta con él sobre el amor que siente. Katniss duda constantemente entre amar a Peeta y querer estar con Gale. En el mejor de los casos, ella ha sido indiferente respecto a su amor por Peeta, y los recuerdos que Peeta tiene de Katniss lo persiguen en sus momentos más engañosos. Katniss quiere culpar a Haymitch, Plutarch, Finnick y los demás que prepararon el plan secreto que resultó en la captura de Peeta. Ella cree que la han engañado, que ella debió ser informada sobre el plan. Aunque un poco de honestidad por parte de los rebeldes hubiera ayudado a Peeta, es casi seguro que si Katniss hubiese sido honesta con él, Peeta no hubiera estado tan vulnerable ante los inusuales métodos de tortura del Capitolio.

En todo el Nuevo Testamento, el pecado se equipara con el engaño y por esta razón Cristo les dice a sus seguidores que la verdad los hará libres. Cuando hablamos con la verdad y llevamos vidas guiadas por la sinceridad, estamos viviendo en verdad y somos libres de las consecuencias del engaño. Pero cuando mentimos, a Dios, a otros, o a nosotros mismos, no podemos vivir en verdad. Dios no se preocupa tanto por las pequeñas mentiras que les decimos a los demás, como por las que nos decimos a nosotros mismos: la mentira de que no necesitamos la ayuda de Dios, o que amamos a Dios y a nuestro prójimo como debemos hacerlo. Puede ser difícil aceptar la verdad de nuestros defectos y debilidades, especialmente cuando no amamos a otros como deberíamos, pero esto es lo que Dios pide a sus seguidores. Cuando somos honestos con nosotros mismos ante Dios, comenzamos el viaje hacia la sanación y libertad que se nos promete en Cristo Jesús.

Puede ser difícil aceptar la verdad de nuestros defectos y debilidades, especialmente cuando no amamos a otros como deberíamos, pero esto es lo que Dios pide a sus seguidores.

Devocional 24
La Esperanza Viene de la Forma Menos Prevista

2 Corintios 3:12 *"Así que, teniendo tal esperanza, usamos de mucha franqueza."*

¿P**OR QUÉ ES** que los rebeldes de los distritos continúan luchando contra el Capitolio a pesar de que las probabilidades están contra ellos? Los pobres y oprimidos de Panem se rehúsan a darse por vencidos aunque no tengan la fuerza y los recursos necesarios. ¿Qué es lo que les da esa esperanza?

Durante toda la serie de Los Juegos del Hambre la esperanza llega a los que la necesitan de la forma menos probable: un pan enviado desde uno de los distritos más pobres; un vestido bien diseñado que le da a Katniss una ventaja en la competencia; un Sinsajo en un pan como símbolo de la rebelión. Estas cosas aparentemente pequeñas llegan en el momento correcto y ayudan a los héroes de Los Juegos del Hambre a sobrevivir la prueba que se les ha presentado.

Nada les da más esperanza a las personas que están en los distritos que los que resultan victoriosos. Son la personificación de la esperanza cuando no hay esperanza. Los ganadores de Los Juegos del Hambre representan la fe porque al ganar Los Juegos han desafiado el poder absoluto del Capitolio. Estos ganadores le han demostrado al Capitolio que algunos habitantes de los distritos todavía son lo suficientemente fuertes para sobrevivir en contra de las probabilidades. Es por eso que para el pueblo de Panem los ganadores son su fuente de esperanza cuando esta parece imposible y nadie transmite tanta esperanza como Katniss Everdeen, quien no solo sobrevivió a los Juegos, sino que trajo de regreso a su compañero tributo del Distrito 12. Por lo tanto, ella desafía todas las reglas del Capitolio y demuestra que los ciudadanos de Panem pudieran ser más fuertes y astutos que lo que el Capitolio cree.

¿Cómo interpretamos la fe como cristianos? El autor de la Epístola de los Hebreos dice que la fe es la certeza de lo que se espera, la convicción de lo que no se ve. En su carta a los corintios, Pablo identifica la esperanza como una de las tres grandes virtudes teológicas (las otras son fe y amor). El salmista escribe varias veces que nuestra esperanza es Dios.

En contra de toda probabilidad, los ciudadanos de Panem continúan creyendo que algo bueno les puede suceder. Al depositar toda su fe en Katniss y en la rebelión se están aferrando a la esperanza de que la vida será mejor. Esto no se diferencia en lo absoluto a lo que los cristianos comprenden por esperanza. Cuando ponemos nuestra fe en Jesús estamos diciendo: Aunque no sé cuál es el resultado de mis circunstancias, confío en que Dios hará lo correcto. Cuando esperamos en el poder de la resurrección, centramos nuestras expectativas y nuestra confianza en el conocimiento de que Dios nos ama y que este amor es suficiente para conquistar la muerte.

Cuando esperamos en el poder de la resurrección centramos nuestras expectativas y nuestra confianza en el conocimiento de que Dios nos ama y que este amor es suficiente para conquistar la muerte.

Devocional 25
Dios Promete Sustentarnos Siempre

1 Corintios 15:58 *"Así que, hermanos míos amados, estad firmes y constantes, creciendo en la obra del Señor siempre, sabiendo que vuestro trabajo en el Señor no es en vano."*

KATNISS CAE EN un momento de desesperanza después de que disparara la flecha que mata a Coin hacia el final de Sinsajo. Su momento llegó y no lo aprovechó: después que Prim murió, su único propósito era matar personalmente a Snow y ahora eligió apuntar su flecha hacia otro objetivo. Aunque ella no se arrepiente de su decisión, Katniss cree que no tiene ninguna razón para continuar viviendo. Ella pasa varios días en el hospital buscando la forma de morir: anhelando desangrarse; buscando una ventana de la cual saltar; inclusive intenta morir de hambre. La peor parte de su sufrimiento es que ella sabe que ha dejado de ser útil para Panem como el Sinsajo; un sentimiento que es exacerbado por la pérdida de su hermana y el saber que Prim no valía nada para aquellos que la utilizaron en su propio beneficio. Cuando Plutarch se encuentra con Katniss después que ha terminado su juicio, él le dice que nadie sabe qué hacer con ella ahora que la guerra terminó, aunque, si surge otra más, ya saben que pueden utilizarla.

Utilizar las personas de esta forma es algo inaceptable para los cristianos. ¡Gracias a Dios que Él no nos desecha una vez que hemos cumplido nuestro propósito! Recordemos que Dios no funciona con una economía de amor, juzgándonos según lo que le podemos ofrecer o por lo mucho que podemos lograr. Lo que Él quiere es que dediquemos nuestras vidas a una causa justa, la causa del amor. Aunque nuestro tiempo en la tierra llegue a su fin, en realidad es solo el comienzo. Cuando Dios nos usa, no nos sentimos agotados o vacíos; en cambio, Dios recarga nuestro arsenal una y otra vez cuando nos entregamos a Él y nos convertimos en vasijas de su amor. Mientras recorramos nuestro camino con fe y perseverancia podemos estar seguros de que Dios nos premiará con la vida eterna y el gozo de su Reino de Amor.

Cuando Dios nos usa, no nos sentimos agotados o vacíos; en cambio, Dios recarga nuestro arsenal una y otra vez cuando nos entregamos a Él y nos convertimos en vasijas de su amor.

Devocional 26
El Peligro de la Distracción

1 Pedro 5:8 *"Sed sobrios, y velad; porque vuestro adversario el diablo, como león rugiente, anda alrededor buscando a quien devorar."*

En *En Llamas,* el presidente Snow visita a Katniss en la Aldea de los Vencedores y le hace una advertencia: durante la Gira de la Victoria ella debe convencer a todo Panem y especialmente a Snow, que su amor por Peeta es sincero. Snow le dice a Katniss que los distritos están alborotados porque ella los ha incitado a la rebelión. Si ella no logra demostrar que su truco con las bayas fue motivado por el amor y no por la rebelión contra el Capitolio, todas las personas que ella ama sufrirán. La orden de Snow estremece tanto a Katniss que ella pasa toda la gira concentrada en demostrar su amor por Peeta. Cuando termina la gira, Katniss se encuentra de nuevo con Snow y él le dice que sus esfuerzos han sido en vano.

Varias semanas después Katniss está en una cabaña en el bosque conversando con las refugiadas Bonnie y Twill. Ahí ella se entera de que los distritos han estado listos para la rebelión durante mucho tiempo y que sus acciones nunca habrían podido detener el ímpetu del Distrito 8. Ahí mismo Katniss se da cuenta que el presidente Snow la utilizó a ella y a Peeta para distraer a todo Panem de los planes de rebelión. Las presentaciones de Katniss y Peeta en público donde demostraban amor y adoración entre ellos, su compromiso, los planes para la boda, todo había sido creado por Snow para distraer a los rebeldes. Al sucumbir ante las amenazas de Snow contra ella, sus amigos y familia, Katniss también había sido distraída.

Una de las exhortaciones más comunes de Jesús hacia sus discípulos es estar alertas. Él les dice a sus seguidores que deben estar vigilantes porque no conocen el día ni la hora en que el Hijo del Hombre habrá de venir. Jesús les cuenta parábolas relacionadas con la preparación: las vírgenes con sus lámparas y el ladrón en la noche. Cuando Él va a orar en Getsemaní la noche que es traicionado, les pide a sus amigos que estén despiertos y alertas con Él durante solo una hora. Obviamente Jesús estaba advirtiendo a sus seguidores que debían tener cuidado de las cosas que nos pueden distraer de nuestro verdadero llamado. Es muy fácil distraerse con las cosas de este mundo, pero Jesús nos alerta y nos dice que no perdamos de vista el propósito y el plan de Dios. ¿Qué cosas te pueden distraer del verdadero llamado de Dios para tu vida? Si tú sabes que hay algo que te está alejando del camino que Dios ha preparado para ti, ¿cómo podrías lograr liberarte de esa distracción?

Obviamente Jesús estaba advirtiendo a sus seguidores que debían tener cuidado de las cosas que nos pueden distraer de nuestro verdadero llamado.

Devocional 27
Practicamos el Agradecimiento

1 Tesalonicenses 5:18 *"Dad gracias en todo, porque esta es la voluntad de Dios para con vosotros en Cristo Jesús."*

UNO DE LOS momentos más conmovedores en toda la trilogía tiene lugar en *En Llamas* cuando Peeta promete compartir parte de sus ganancias como vencedor con las familias de Thresh y Rue. Mientras que Katniss queda paralizada inicialmente por la culpa y se olvida de agradecer adecuadamente por el pan obsequiado por el Distrito 11, Peeta ofrece instantáneamente lo que Katniss considera el regalo perfecto. Después de un extenso discurso sobre como Rue y Thresh salvaron a Katniss y por ello también a él mismo, Peeta anuncia su intención de entregar el dinero. Peeta hace mención de que él y Katniss nunca podrán pagar esa deuda, pero que como un símbolo de agradecimiento por los regalos entregados por los tributos del Distrito 11 a los vencedores del Distrito 12, él promete entregar las ganancias de un mes a las familias de los tributos muertos. Consecuentemente, él hace este generoso gesto en una demostración de gratitud, consciente de que sin Rue y Thresh, él y

Katniss nunca habrían podido salir victoriosos de la arena.

¡Gracias a Dios que nos da la victoria mediante nuestro Señor Cristo Jesús! Así escribe Pablo en su segunda carta a los corintios. Una de las mejores formas en las que podemos honrar a Cristo es vivir en gratitud para con Él. Dios nos ha premiado con la victoria en lugar de la muerte mediante el sacrificio de Jesús. Es nuestro deber recordar la promesa de salvación en todo momento y nunca dejar de agradecer a Dios por este regalo. Nosotros no hemos hecho nada para merecer el amor que Dios nos da y, sin embargo, Él nunca deja de amarnos. Jesús llevó ese amor hasta la cruz, sufrió la muerte y finalmente nos promete una vida nueva gracias a su resurrección. ¡Gracias a Dios!

Dios nos ha premiado con la victoria en lugar de la muerte mediante el sacrificio de Jesús. Es nuestro deber recordar la promesa de salvación en todo momento y nunca dejar de agradecer a Dios por este regalo.

Devocional 28
Perdona Siempre, a Todos, las Veces que Sea Necesario

Lucas 6:37 *"Perdonad, y seréis perdonados."*

COMO LECTORES DE la trilogía de Los Juegos del Hambre, nos debe ser difícil comprender la forma de Katniss de tratar a Peeta. Como ella intenta mantener la distancia con aquellas personas por las que se preocupa y evita a toda costa involucrarse demasiado, provoca heridas profundas en los demás. Entre todas las personas a las cuales Katniss no logra amar adecuadamente, Peeta se lleva la peor parte. Ella se rehúsa a comprometerse completamente con él a pesar de que él se ha entregado incondicionalmente a amarla. Ella sigue estando indecisa entre Peeta y Gale como posibles compañeros para su vida y así mantiene la atención de ambos hombres sobre ella, aprovechándose de ellos. Es verdad que Katniss no hace feliz ni a Peeta ni a Gale. Sin embargo, a pesar de que parece ser que Gale puede encontrar el amor con alguien más, Peeta afirma claramente que él solo amará a Katniss. Por lo tanto, la falta de fidelidad de ella destruye completamente a Peeta.

No obstante, Peeta nunca guarda rencor durante mucho tiempo. Después de sus primeros Juegos del Hambre juntos, él está molesto porque Katniss lo usó para sobrevivir, pero su molestia no dura mucho tiempo. Peeta hasta le pide perdón por haber estado molesto con ella. Aunque él está dolido por la forma en la que transcurre todo en *En Llamas*, hasta el punto de no poder disfrutar el compromiso de ambos, Peeta perdona a Katniss y la continúa amando. Inclusive en Sinsajo, mientras él se esfuerza por recuperar la memoria tratando de revivir todos los momentos en los que Katniss le hizo daño, él logra perdonarla por su deslealtad y se compromete nuevamente a ayudarla a recuperarse. La única razón por la que Peeta y Katniss encuentran el amor entre ellos es porque Peeta perdona a Katniss voluntariamente por todas las veces que fue desleal, indiferente y hasta cruel.

Cuando Pedro le preguntó a Jesús cuantas veces debíamos perdonar a los demás, Él le dijo que debemos hacerlo setenta veces siete. Para nosotros es fácil hacer el cálculo, 70x7=490 veces, pero esto no es lo que Jesús nos pide. El número en realidad no significa nada. Jesús nos ordena que debemos perdonar siempre a todos. Si Dios, que es un ser sin falta, puede perdonarnos por las muchísimas faltas que cometemos contra Él, ¿por qué no podemos ser capaces de perdonar a los demás por las transgresiones contra nosotros? La mejor forma de ayudarnos a vivir vidas de perdón y reconciliación es recordando siempre que cada uno de nosotros ha pecado y hemos fallado en alcanzar la gloria de Dios. Si recordamos esto, nos daremos cuenta de que Dios nos ha dado su gracia, por lo tanto nosotros debemos hacerlo con los demás.

Jesús nos ordena que debemos perdonar siempre a todos. Si Dios, que es un ser sin falta, puede perdonarnos por las muchísimas faltas que cometemos contra Él, ¿por qué no podemos ser capaces de perdonar a los demás por las transgresiones contra nosotros?

Devocional 29
Somos lo que Vemos

Efesios 5:11 *"Y no participéis en las obras infructuosas de las tinieblas, sino más bien reprendedlas."*

UNO DE LOS logros más grandes de Collins en Los Juegos del Hambre es que ella nos obliga a realizar una lectura reflexiva. Realizar una lectura reflexiva significa que debemos interpretar nuestra participación como lectores como parte del significado de la propia historia. Como la trilogía de Collins acusa fuertemente la cultura voyerística, una cultura que disfruta tanto de ver deportes sangrientos que se ve atrapada en el mal llamado glamour de los Juegos, debemos considerar nuestro papel como observadores de esta historia. La autora escribe de una forma tan absorbente que no podemos evitar sentirnos atraídos y entretenidos. ¿Qué quiere decir esto sobre nosotros como cultura? ¿Querrá decir que somos capaces de olvidar nuestras creencias y dejarnos llevar por historias de violencia por puro entretenimiento? ¿En realidad somos diferentes de los ciudadanos de Panem que se convertían en cómplices de estos horribles crímenes al ver cómo un niño mataba a otro?

Es cierto que leer novelas como *Los Juegos del Hambre* no es un crimen, a menos que no tengamos la disposición o no seamos capaces de reconocer nuestra participación en la violencia que describen estas historias. No podremos encontrar un mensaje de cristiandad en Los Juegos del Hambre a menos que permitamos que la trilogía nos hable sobre la maldición del pecado en nuestras vidas. Como cristianos somos llamados a ser hijos de la Luz. Una vez estuvimos en la oscuridad del pecado, pero gracias a Cristo ahora podemos caminar en la Luz. Esto no quiere decir que estamos libres de pecado, más bien que debemos estar dispuestos a aceptar y reconocer el pecado para poder huir de él.

¿Los Juegos del Hambre acentúan las virtudes del amor, el sacrificio, el perdón y la generosidad? Por supuesto. Si leemos la historia de forma reflexiva, podremos experimentar una respuesta cristiana mucho más profunda que la afirmación de estas virtudes. Se nos invita a aceptar nuestra parte en el sufrimiento humano; al reconocernos como pecadores se nos llama a dejar el pecado y volvernos a Dios. Cuando leemos historias como estas, se nos da la oportunidad de preguntarnos: ¿de verdad estoy viviendo como Dios desea que viva?

Se nos invita a aceptar nuestra parte en el sufrimiento humano; al reconocernos como pecadores se nos llama a dejar el pecado y volvernos a Dios.

Devocional 30
Volvemos a Cristo

Ezequiel 33:11 *"Diles: Vivo yo, dice Jehová el Señor, que no quiero la muerte del impío, sino que se vuelva el impío de su camino, y que viva. Volveos, volveos de vuestros malos caminos; ¿por qué moriréis, oh casa de Israel?"*

SUZANNE COLLINS CREA su historia en una nación distópica del futuro que parece muy diferente del mundo que conocemos actualmente. Es difícil imaginarse nuestra civilización llegando a un grado de decadencia como el que se describe en Los Juegos del Hambre. ¿Realmente llegaremos a tal nivel? De seguro la historia de Collins es solo eso: una historia. Ficción. Creada en el futuro y muy diferente de la realidad.

Sin embargo, cualquier lector perspicaz se dará cuenta que esto no es verdad. Las novelas son una poderosa advertencia en el presente, como una obra de ficción ambientada en el futuro. Aunque Collins no nos cuenta en detalle la historia de Panem, sí nos deja saber que este país surgió de las cenizas de un lugar conocido como América del Norte. Las personas que vivían en esta nación gastaron todos los recursos de la tierra, sufrieron fuertes cambios climáticos y pelearon guerras devastadoras para obtener cualquier espacio de tierra que hubiese. Tomando en cuenta la realidad presente del cambio climático, la avaricia humana por acaparar los recursos de la tierra y la tendencia a aplicar la violencia contra los semejantes, en realidad no es tan difícil imaginar tales eventos.

Dios no desea que nadie se pierda a consecuencia del pecado. En toda la Biblia Él nos llama a arrepentirnos de nuestros pecados y volver a Él. Aunque nosotros rechacemos vivir fielmente nuestra relación con Dios, Él nunca nos falla; si simplemente volvemos a Él se nos promete libertad y una vida nueva mediante el Hijo de Dios. En algún momento u otro nos desviaremos del camino que Dios nos ha trazado, pero si no nos alejamos mucho podremos ver varias señales indicándonos cómo regresar al camino que debemos seguir.

La ficción puede funcionar como un poderoso letrero. La trilogía de Los Juegos del Hambre es efectiva como una herramienta para la reflexión cristiana porque sirve como una advertencia sobre nuestra necesidad de Dios y es un poderoso recordatorio de que debemos arrepentirnos de nuestros errores humanos y regresar a Él. Como cristianos debemos comprender fácilmente que el mundo descrito en Los Juegos del Hambre sirve como una concepción totalmente real de cómo sería la tierra si le diéramos la espalda por completo a Dios. Si nos rebelamos contra Dios, nuestro planeta se convertirá en un paradero hostil de miseria y pecado, quizás sin muchas diferencias de Panem. Si nos olvidamos del Dios que da vida, amor y salud, ¿sería muy difícil imaginarnos nuestro mundo convirtiéndose en uno igual al descrito en Los Juegos del Hambre? Cuando leemos esta historia Collins nos invita (consciente o inconscientemente) a arrepentirnos de nuestros propios errores y volver al Dios que nos ama, el Dios que siempre recuerda y es fiel en Su promesa.

Aunque nosotros rechacemos vivir fielmente nuestra relación con Dios, Él nunca nos falla; si simplemente volvemos a Él se nos promete libertad y una vida nueva mediante el Hijo de Dios.

www.ingramcontent.com/pod-product-compliance
Lightning Source LLC
Chambersburg PA
CBHW031408040426
42444CB00005B/470